AF558414

LISA CORNELIUS

Omelette Meister

• KOCHBUCH •

Alle Ratschläge in diesem Buch wurden vom Autor und vom Verlag sorgfältig erwogen und geprüft. Eine Garantie kann dennoch nicht übernommen werden. Eine Haftung des Autors beziehungsweise des Verlags für jegliche Personen-, Sach- und Vermögensschäden ist daher ausgeschlossen.

Email: info@edition-lunerion.de
www.edition-lunerion.de

Psiana eCom UG
Berumer Str. 44
26844 Jemgum

Vorwort

Ei geht immer und in Omelette-Form gilt das ganz besonders? Dabei haben Sie vor allem Lust auf Abwechslung und vollen Geschmack? Und auf den Punkt gegart soll die Leckerei auch sein? Dann sorgt die Kombination aus Tupperware-Omelette-Meister und diesem Rezeptbuch für unvergleichliche Genussmomente!

Eier sind nährstoffreich, unvergleichlich vielfältig, eine Geheimwaffe für Sportler und dabei auch noch herrlich unkompliziert in der Verarbeitung – für schmackhafte Omeletts gibt es also zahlreiche Gründe und der Omelette-Meister liefert noch einen Pluspunkt dazu: Dank einfacher Zubereitung in der Mikrowelle sparen Sie sich das Fettschrubben in der Pfanne und können sich jederzeit auf ein perfekt zubereitetes Eiergericht freuen. Ob herzhaft-deftig, raffiniert-würzig, mit reichlich Gemüse, in der Fitness-Variante, klassisch, außergewöhnlich, international oder sogar als feine Süßspeise, in diesem Kochbuch kommen Veggies, Fleischfans, Fischfreaks, Sportsfreunde und Naschkatzen gleichermaßen auf ihre Kosten und entdecken eine Riesenauswahl an Omelette-Ideen für jede Gelegenheit. Der schnelle Snack gelingt dabei ebenso wie Frühstück oder Feierabend-Leckerei und die kinderleichten Schritt-für-Schritt-Anleitungen bescheren auch ungeübten Köchen Hochgenuss ab dem ersten Ei.

Guten Appetit!

 INHALT

Der Tupperware Omelette-Meister

Tupperware bezeichnet den Omelette-Meister als „Eierheld der Küche" oder „Mikro-Meister", da er vielseitig einsetzbar ist. Der bunte Helfer besteht aus leichtem Kunststoff, ist spülmaschinenbeständig und mikrowellengeeignet. Und das sollte er auch sein, denn die Zubereitung der Omeletts findet mit dem Meister ausschließlich in der Mikrowelle statt.

Wer also den Fettgeruch und das Spülen der Pfanne scheut, sollte mit dem Omelette-Meister einen nützlichen Helfer gefunden haben. Durch eine spezielle Form werden die Gerichte gleichmäßig gegart und der Helfer ist einfach zu reinigen.

TIPPS UND TRICKS FÜR DIE VERWENDUNG DES OMELETTE-MEISTERS

Neben Omeletts kann der Omelette-Meister auch weitere Gerichte garen. Tupperware gibt an, dass neben Rezepten auf Eierbasis darin außerdem auch Kuchen, Arme Ritter und sogar Fisch gegart werden kann. All diese Rezepte finden Sie im letzten Kapitel des Buches.

Mit einem Volumen von 430 ml und Maßen von 22 x 14 cm kann der Omelette-Meister mit bis zu vier Eiern befüllt werden.

Die Handhabung ist dabei sehr einfach. Ober- und Unterseite sind leicht zu erkennen. Die Oberseite ist mit Löchern versehen. Der Deckel des Omelette-Meisters sollte bei der Verwendung stets geschlossen sein. Nach dem Öffnen kann der Deckel als Unterlegschale dienen. Verwenden Sie sowohl beim Anrühren als auch beim Essen aus dem Meister keine Gegenstände, die die Oberfläche beschädigen. Möchten Sie die Omelettemasse direkt im Meister anrühren, empfiehlt sich beispielsweise ein Schneebesen aus Kunststoff.

An den Seiten befinden sich großzügige Griffe, um den Omelette-Meister auch im heißen Zustand aus der Mikrowelle entnehmen zu können. Er sollte bei maximal 800 Watt nicht länger als fünf Minuten oder bei 400 Watt nicht länger als zehn Minuten in der Mikrowelle erwärmt werden.

Nach der Verwendung können Sie den Eierhelden einfach in die Spülmaschine geben. Dank der fettfreien Zubereitung sollte er sich jedoch auch schnell mit der Hand spülen lassen.

Sollte einmal etwas mit dem Omelette-Meister sein, verweist Tupperware auf seine 30 Jahre „Tupperware-Garantie". Weitere Informationen dazu erhalten Sie im passenden Informationsblatt oder online.

Das Einkaufen für die Omelette-Küche gestaltet sich sehr einfach. Kaufen Sie möglichst nur Eier aus Freilandhaltung. Damit unterstützen Sie nicht nur eine bessere Tierhaltung, sondern erhalten in der Regel auch eine bessere Lebensmittelqualität.

EINKAUFSLISTE

- Eier
- Gemüse nach Wahl: Tomaten, Paprika, Zucchini, Spinat, Pilze, Frühlingszwiebeln, Gurken, Peperoni
- Obst: Himbeeren, Erdbeeren, weitere Beeren nach Wahl, tiefgekühlte Beeren, Nektarinen, Pfirsiche, Mandarinen aus der Dose

Außerdem:

- Backpulver
- Haferflocken
- Mehl
- Speisestärke
- geriebener Käse (Gouda, Mozzarella, Parmesan)
- Feta
- gekochter Schinken, Speckwürfel, Bacon, Serranoschinken
- Putenbrust
- Milch
- Sahne
- Wasser
- Kräuter: Petersilie, Schnittlauch
- Gewürze: Salz und Pfeffer, Paprikapulver, Muskat, Kurkuma, weitere Gewürze nach Wahl

Für vegane Omeletts:

- Kichererbsenmehl
- Kichererbsen, ganz
- Tofu
- Maisstärke
- Sojamilch oder andere vegane Milchalternativen

EIN EINFACHES OMELETTE

1 Port. 5 Min. Leicht

Zutaten

2 Eier
1 EL Wasser

Nach Belieben:
Salz, Pfeffer

Nährwerte p. P.

132 kcal
1 g Kohlenhydrate
10 g Fett
9 g Eiweiß

1 Schlagen Sie Eier und Wasser gut miteinander auf. Geben Sie die Mischung in den Mikro-Meister.

2 Rühren Sie nach Belieben Salz und Pfeffer unter oder würzen Sie nach dem Garen.

3 Verschließen Sie den Meister und garen Sie das Omelette für fünf Minuten bei 350 Watt.

4 Lassen Sie es vor dem Servieren kurz abkühlen.

Frühstücks-Omeletts

GEMÜSE-OMELETTE

1 Port. 10 Min. Leicht

Zutaten

2 Eier
2 EL Milch
½ Paprika
2 EL Schnittlauchröllchen

Nach Belieben:
Salz, Pfeffer

Nährwerte p. P.

149 kcal
3 g Kohlenhydrate
10 g Fett
10 g Eiweiß

1 Vermengen Sie Eier und Milch miteinander. Geben Sie diese Mischung in den Omelette-Meister.

2 Waschen Sie die Paprika und schneiden Sie sie in kleine Würfel. Verteilen Sie Paprika und Schnittlauch gleichmäßig über der Eiermasse.

3 Würzen Sie das Omelette nach Belieben mit Salz und Pfeffer.

4 Garen Sie das Omelette bei 350 Watt für fünf Minuten.

PILZ-OMELETTE

1 Port.

5 Min.

Leicht

Zutaten

2 Eier
1 EL Wasser
100 g Pilze

Nach Belieben:
Salz, Pfeffer, Knoblauch

Nährwerte p. P.

162 kcal
1 g Kohlenhydrate
11 g Fett
11 g Eiweiß

1 Vermengen Sie Eier und Wasser und schlagen Sie daraus kurz eine schaumige Masse auf. Geben Sie diese in den Meister.

2 Waschen Sie die Pilze und schneiden Sie sie nach Belieben klein. Verteilen Sie diese gleichmäßig auf der Omelettemischung.

3 Würzen Sie nach Belieben mit Salz, Pfeffer und Knoblauch.

4 Verschließen Sie den Meister und garen Sie das Omelette fünf Minuten bei 350 Watt.

5 Lassen Sie es vor dem Servieren kurz abkühlen.

SCHLICHTES KÄSE-OMELETTE

1 Port.

5 Min.

Leicht

Zutaten

2 Eier
1 EL Wasser
50 g geriebener Käse
Nach Belieben: Salz, Pfeffer

Optional:
geriebener Käse zum Garnieren

Nährwerte p. P.

132 kcal
1 g Kohlenhydrate
12 g Fett
9 g Eiweiß

1 Vermengen Sie Eier, Wasser und Käse miteinander. Verteilen Sie die Masse gleichmäßig im Omelette-Meister.

2 Würzen Sie das Omelette jetzt mit Salz und Pfeffer.

3 Verschließen Sie den Meister und garen Sie das Omelette bei 350 Watt für fünf Minuten.

4 Garnieren Sie es im Anschluss nach Belieben mit etwas geriebenem Käse.

SCHINKEN-OMELETTE

2 Port. 20 Min. Leicht

Zutaten

2 Eier
1 EL Wasser
1 Scheibe Schinken
½ Zwiebel
25 g rote Paprika

Nach Belieben:
Salz, Pfeffer

Nährwerte p. P.

222 kcal
4 g Kohlenhydrate
13 g Fett
20 g Eiweiß

1 Vermengen Sie Eier und Wasser miteinander. Geben Sie die Eiermasse in den Omelette-Meister.

2 Waschen Sie die Paprika und schälen Sie die Zwiebel. Schneiden Sie Schinken, Zwiebel und Paprika in feine Würfel. Verteilen Sie diese gleichmäßig auf der Eiermasse.

3 Verschließen Sie den Meister und garen Sie das Omelette für fünf Minuten bei 350 Watt.

OMELETTE MIT MILCH

1 Port.

5 Min.

Leicht

Zutaten

2 Eier
1 EL Milch

Nach Belieben:
Salz, Pfeffer

Nährwerte p. P.

142 kcal
2 g Kohlenhydrate
10 g Fett
10 g Eiweiß

1 Vermengen Sie Eier und Milch miteinander. Schlagen Sie die Mischung kurz schaumig auf.

2 Füllen Sie sie gleichmäßig in den Omelette-Meister. Würzen Sie jetzt nach Belieben mit Salz und Pfeffer.

3 Garen Sie das Omelette bei 350 Watt für fünf Minuten.

Tipp: Klassisch werden Omeletts ohne Milch zubereitet. Die Meinungen, ob Wasser oder Milch oder ganz ohne weitere flüssige Zutat gehen jedoch auseinander.

OMELETTE MIT SPIRALGEMÜSE

1 Port.

10 Min.

Leicht

Zutaten

½ Möhre
½ Zucchini
2 Eier
4 EL Wasser

Nach Belieben:
Salz und Pfeffer

Nährwerte p. P.

182 kcal
8 g Kohlenhydrate
10 g Fett
11 g Eiweiß

1 Waschen Sie das Gemüse und verarbeiten Sie es durch einen Spiralschneider.

2 Geben Sie es in den Omelette-Meister und verteilen Sie zwei Esslöffel Wasser darüber. Garen Sie es darin für zwei Minuten bei 350 Watt in der Mikrowelle.

3 Schlagen Sie in der Zwischenzeit das Ei mit zwei Esslöffeln Wasser, Salz und Pfeffer auf.

4 Verteilen Sie die Eimischung gleichmäßig über das vorgegarte Gemüse.

5 Geben Sie das Omelette bei 350 Watt für weitere zwei Minuten in die Mikrowelle und garen Sie es fertig.

6 Lassen Sie es vor dem Servieren kurz abkühlen.

FLUFFIGES GEMÜSE-OMELETTE MIT BROT

1 Port.

10 Min.

Leicht

Zutaten

2 Eier
1 EL Wasser
1 Scheibe Weizenmischbrot
2 Tomaten
½ Zucchini
2 EL Naturjoghurt

Nach Belieben:
Salz und Pfeffer

Nährwerte p. P.

280 kcal
28 g Kohlenhydrate
11 g Fett
14 g Eiweiß

1 Schneiden Sie das Brot in kleine Würfel. Vermengen Sie es mit den Eiern und Wasser.

2 Geben Sie die Brot-Ei-Mischung in den Omelette-Meister. Garen Sie das Omelette darin für drei Minuten bei 350 Watt.

3 Schneiden Sie in der Zwischenzeit das Gemüse in dünne Scheiben.

4 Stürzen Sie das fertige Omelette auf einen Teller.

5 Verteilen Sie das Gemüse darauf und würzen Sie nach Belieben.

6 Würzen Sie auch den Naturjoghurt nach Belieben mit Salz und Pfeffer. Garnieren Sie das Omelette im Anschluss damit.

Tipp: Mit diesem Rezept können Brotreste verarbeitet werden. Gleichzeitig wird das Omelette dadurch etwas fluffiger.

BANANEN-OMELETTE

1 Port. 10 Min. Leicht

Zutaten

1 Banane
2 Eier
1 Prise Zimt
50 g Mandeln

Nährwerte p. P.

238 kcal
10 g Kohlenhydrate
17 g Fett
9 g Eiweiß

1 Zerdrücken Sie die Banane mit einer Gabel. Rühren Sie die verquirlten Eier unter das Bananenmus. Schmecken Sie es mit Zimt ab.

2 Geben Sie die Masse in den Omelette-Meister und verschließend Sie ihn.

3 Garen Sie das Omelette für vier Minuten bei 350 Watt.

4 Zerkleinern Sie die Mandeln nach Belieben und garnieren Sie das Omelette damit.

HERZHAFTES FRÜHSTÜCKS-OMELETTE

2 Port.

10 Min.

Leicht

Zutaten

4 Eier
2 EL Milch
½ Zwiebel
¼ gelbe Paprika
150 g Bacon
2 Scheiben Käse

Nach Belieben:
Salz und Pfeffer

Nährwerte p. P.

412 kcal
9 g Kohlenhydrate
44 g Fett
9 g Eiweiß

1 Vermengen Sie Eier und Milch miteinander. Geben Sie die Mischung in den Omelette-Meister.

2 Schneiden Sie die Zwiebel, Paprika und den Bacon in kleine Würfel. Würzen Sie nach Belieben mit Salz und Pfeffer.

3 Verteilen Sie die zerkleinerten Zutaten gleichmäßig über der Eiermischung. Geben Sie darüber den Käse und verschließen Sie den Omelette-Meister.

4 Garen Sie das Omelette für vier Minuten bei 350 Watt in der Mikrowelle.

Omeletts mit Fleisch und Fisch

LACHS-OMELETTE

1 Port. 5 Min. Leicht

Zutaten

2 Eier
1 EL Milch
50 g Räucherlachs

Nach Belieben:
Salz, Pfeffer

Nährwerte p. P.

213 kcal
1 g Kohlenhydrate
14 g Fett
19 g Eiweiß

1 Schlagen Sie die Eier schaumig auf und rühren Sie die Milch unter. Schneiden Sie den Lachs in beliebig große Stücke.

2 Rühren Sie diese unter die Eiermasse. Würzen Sie sie anschließend nach Belieben. Geben Sie die Omelettemasse in den Meister und verschließen Sie diesen.

3 Garen Sie das Omelette bei 350 Watt für fünf Minuten.

LACHS-GURKEN-OMELETTE

2 Port. 10 Min. Leicht

Zutaten

4 Eier
2 EL Sahne
60 g Räucherlachs
¼ Salatgurke
1 TL Petersilie, fein gehackt

Nach Belieben:
Salz, Pfeffer

Nährwerte p. P.

336 kcal
6 g Kohlenhydrate
25 g Fett
23 g Eiweiß

1 Schneiden Sie den Räucherlachs in dünne Streifen. Waschen Sie die Gurke und schneiden Sie sie zunächst in Scheiben und anschließend in Viertel.

2 Vermengen Sie jetzt alle Zutaten zu einem gleichmäßigen Eierteig. Würzen Sie ihn nach Belieben. Verteilen Sie diesen in dem Omelette-Meister. Verschließen Sie ihn.

3 Garen Sie das Omelette für vier Minuten bei 350 Watt in der Mikrowelle.

4 Garnieren Sie das fertige Omelette mit der Petersilie.

SPINAT-LACHS-OMELETTE

 1 Port.
 10 Min.
 Leicht

Zutaten

2 Eier
1 EL Milch
100 g Räucherlachs
100 g Mozzarella
50 g frischer Spinat
½ Zwiebel

Nach Belieben:
Salz, Pfeffer

Nährwerte p. P.

628 kcal
6 g Kohlenhydrate
48 g Fett
57 g Eiweiß

1 Schneiden Sie den Räucherlachs in Streifen und den Mozzarella in kleine Würfel. Schälen und würfeln Sie die Zwiebel. Waschen Sie den Spinat gründlich ab.

2 Vermengen Sie alle angegebenen Zutaten miteinander. Würzen Sie die Mischung nach Belieben kräftig.

3 Geben Sie sie in den Omelette-Meister und verschließen Sie ihn. Garen Sie das Omelette für fünf Minuten bei 400 Watt.

4 Servieren Sie es am besten lauwarm.

BAUERN-OMELETTE

1 Port.

10 Min.

Leicht

Zutaten

2 Eier
3 Frühlingszwiebeln
110 ml Milch
½ Peperoni
2 EL Schnittlauch, fein zerkleinert
50 g gewürfelter Speck
1 Prise Muskat

Nach Belieben:
Salz, Pfeffer

Nährwerte p. P.

370 kcal
11 g Kohlenhydrate
32 g Fett
18 g Eiweiß

1 Waschen und schneiden Sie die Frühlingszwiebeln in Ringe. Hacken sie die Peperoni in feine Würfel.

2 Vermengen Sie alle angegebenen Zutaten miteinander. Würzen Sie nach Belieben.

3 Verteilen Sie den Teig gleichmäßig im Omelette-Meister. Garen Sie das Omelette darin für fünf Minuten bei 350 Watt in der Mikrowelle.

4 Lassen Sie es vor dem Servieren kurz abkühlen.

SPECK-OMELETTE MIT PORREE

1 Port.

10 Min.

Leicht

Zutaten

2 Eier
150 g Mehl
6 EL Milch
50 g geriebener Käse
400 g Lauch
75 g Speckwürfel

Nach Belieben:
Salz und Pfeffer, weitere Gewürze nach Wahl

Zum Garnieren:
4 EL Crème fraîche

Nährwerte p. P.

588 kcal
36 g Kohlenhydrate
41 g Fett
18 g Eiweiß

1 Vermengen Sie Eier, Mehl und Milch miteinander. Waschen Sie den Lauch und schneiden Sie ihn in dünne Ringe

2 Rühren Sie Käse, Lauch, Speckwürfel und Gewürze unter die Eiermasse.

3 Geben Sie sie in den Omelette-Meister und verschließen Sie diesen. Garen Sie das Omelette für vier Minuten bei 350 Watt.

4 Garnieren Sie es mit der Crème fraîche und servieren Sie es lauwarm.

OMELETTE MIT HACKFLEISCHFÜLLUNG

2 Port.

10 Min.

Leicht

Zutaten

Für die Füllung:
1 EL Öl
200 g gemischtes Hackfleisch
1 rote Paprika
Salz und Pfeffer

Für das Omelette:
3 Eier
75 ml Milch
40 g Maismehl

Zum Garnieren:
frische Petersilie

Nährwerte p. P.

295 kcal
6 g Kohlenhydrate
18 g Fett
26 g Eiweiß

1 Erhitzen Sie das Öl in einer Pfanne. Braten Sie das Hackfleisch darin für drei Minuten knusprig an.

2 Waschen Sie in der Zwischenzeit die Paprika und schneiden Sie sie in kleine Würfel. Geben Sie sie zu dem Hackfleisch und garen Sie diese weitere drei Minuten mit an. Schmecken Sie die Mischung mit Salz und Pfeffer ab.

3 Vermengen Sie alle Zutaten für das Omelette. Geben Sie die Hälfte des Omeletteteigs in den Omelette-Meister und verschließen Sie ihn. Garen Sie ihn für eine Minute bei 350 Watt in der Mikrowelle.

4 Verteilen Sie anschließend die Hackfleischfüllung und den übrigen Omeletteteig darüber.

5 Garen Sie das Omelette für weitere vier Minuten bei 350 Watt fertig.

Vegetarische Omeletts

KRÄUTER-OMELETTE

1 Port.

5 Min.

Leicht

Zutaten

2 Eier
1 EL Milch
¼ rote Paprika
½ rote Zwiebel
1 TL Schnittlauch
1 TL Petersilie

Nach Belieben:
Salz, Pfeffer

Nährwerte p. P.

222 kcal
5 g Kohlenhydrate
14 g Fett
20 g Eiweiß

1 Vermengen Sie Eier und Milch miteinander.

2 Waschen und schneiden Sie die Paprika in kleine Würfel. Schälen Sie die Zwiebel und schneiden Sie sie in Ringe oder Stücke. Geben Sie die übrigen Zutaten in die Eiermasse.

3 Verteilen Sie diese gleichmäßig im Omelette-Meister. Würzen Sie diese nach Belieben mit Salz und Pfeffer.

4 Verschließen Sie ihn und garen Sie das Omelette für fünf Minuten bei 350 Watt.

5 Servieren Sie es warm.

SPINAT-OMELETTE

1 Port.

10 Min.

Leicht

Zutaten

2 Eier
5 Cherrytomaten
50 g Rahmspinat, tiefgekühlt – angetaut

Nach Belieben:
Salz, Pfeffer

Nährwerte p. P.

165 kcal
4 g Kohlenhydrate
11 g Fett
10 g Eiweiß

1 Vermengen Sie Eier und Spinat miteinander. Waschen Sie die Cherrytomaten und halbieren Sie sie.

2 Geben Sie sie mit Salz und Pfeffer in die Eier-Spinatmischung und rühren Sie alles kurz unter.

3 Verteilen Sie die Masse im Omelette-Meister und verschließend Sie diesen. Garen Sie das Omelette für drei Minuten bei 600 Watt.

4 Servieren Sie es lauwarm.

Tipp: Der Spinat gibt beim Garen etwas Flüssigkeit ab. Deshalb können Sie hier auf Milch oder Wasser im Teig verzichten.

OMELETTE MIT SAUERKRAUT

1 Port.

10 Min.

Leicht

Zutaten

40 g Sauerkraut
2 EL Milch
2 Eier
1 Prise Salz

Nährwerte p. P.

139 kcal
2 g Kohlenhydrate
10 g Fett
10 g Eiweiß

1 Vermengen Sie alle Zutaten miteinander, bis ein homogener Teig entsteht.

2 Verteilen Sie diesen gleichmäßig im Omelette-Meister und verschließen Sie ihn. Garen Sie das Omelette für fünf Minuten bei 350 Watt.

3 Servieren Sie es lauwarm.

OMELETTE MIT SPINAT UND CHAMPIGNONS

1 Port.

10 Min.

Leicht

Zutaten

2 Eier
2 EL Milch
1 Prise Salz
50 g Champignons
50 g frischer Spinat
½ rote Zwiebel

Nährwerte p. P.

183 kcal
6 g Kohlenhydrate
12 g Fett
12 g Eiweiß

1 Waschen Sie die Champignons und schneiden Sie sie in dünne Scheiben. Waschen Sie den Spinat gründlich ab. Schälen Sie die Zwiebel und schneiden Sie sie in kleine Würfel.

2 Vermengen Sie alle angegebenen Zutaten miteinander.

3 Verteilen Sie den Teig im Omelette-Meister und verschließen Sie ihn. Garen Sie das Omelette darin für sechs Minuten bei 350 Watt.

ZUCCHINI-OMELETTE

1 Port.

10 Min.

Leicht

Zutaten

2 Eier
1 EL Milch
1 EL Wasser
100 g Zucchini

Nährwerte p. P.

340 kcal
9 g Kohlenhydrate
23 g Fett
15 g Eiweiß

1 Vermengen Sie Eier, Milch und Wasser miteinander. Schlagen Sie die Mischung schaumig auf.

2 Waschen Sie die Zucchini und schneiden Sie sie in dünne Ringe. Falls gewünscht, können Sie sie mit einem Spiral- oder Sparschäler zerkleinern. Heben Sie die Zucchini unter den Eierteig.

3 Geben Sie ihn in den Omelette-Meister und verschließen Sie diesen. Garen Sie das Omelette darin für fünf Minuten bei 350 Watt.

4 Servieren Sie es lauwarm.

OMELETTE MIT PARMESAN

1 Port.

10 Min.

Leicht

Zutaten

2 Eier
4 EL Milch
2 TL geriebener Parmesan
1 Tomate
1 Schalotte
1 Prise Salz
1 TL Schnittlauch

Nährwerte p. P.

210 kcal
6 g Kohlenhydrate
2 g Fett
4 g Eiweiß

1 Schlagen Sie die Eier auf und vermengen Sie sie mit der Milch. Rühren Sie den Parmesan unter und verteilen Sie den Teig im Omelette-Meister.

2 Waschen Sie die Tomate und würfeln Sie sie klein. Schälen Sie die Schalotte und schneiden Sie sie ebenfalls in kleine Würfel. Schneiden Sie den gekochten Schinken in dünne Streifen oder Stücke.

3 Verteilen Sie die zerkleinerten Zutaten, Salz und Schnittlauch gleichmäßig über der Ei-Milch-Mischung.

4 Garen Sie das Omelette für vier Minuten bei 350 Watt.

PIKANTES OMELETTE

1 Port. 10 Min. Leicht

Zutaten

3 Eier
1 EL Milch
3 Pilze
2 eingelegte Paprika
4 Cherrytomaten
2 Scheiben Käse

Nach Belieben:
Salz, Pfeffer, Paprikapulver

Nährwerte p. P.

293 kcal
27 g Kohlenhydrate
16 g Fett
11 g Eiweiß

1 Vermengen Sie Eier und Milch miteinander, bis ein schaumiger Teig entsteht. Waschen Sie die Pilze und Tomaten.

2 Schneiden Sie die Pilze in dünne Scheiben und die Tomaten in Viertel. Zerkleinern Sie die eingelegten Paprika ebenfalls nach Belieben.

3 Rühren Sie die zerkleinerten Zutaten, Salz, Pfeffer und Paprikapulver unter den Eierteig. Verteilen Sie diesen gleichmäßig im Omelette-Meister.

4 Geben Sie darauf die Käsescheiben.

5 Garen Sie das Omelette für vier Minuten bei 350 Watt in der Mikrowelle.

OMELETTE MIT KÄSE UND PILZEN

1 Port.

5 Min.

Leicht

Zutaten

2 Eier
1 EL Milch
100 g Champignons
50 g geriebener Käse

Nach Belieben:
Salz, Pfeffer

Nährwerte p. P.

279 kcal
4 g Kohlenhydrate
18 g Fett
23 g Eiweiß

1 Vermengen Sie Eier und Milch miteinander. Rühren Sie die Masse schaumig auf.

2 Waschen Sie die Champignons und schneiden Sie sie in dünne Scheiben oder kleine Würfel. Vermengen Sie die Eier-Masse mit den Champignons und dem Käse. Schmecken Sie sie nach Belieben mit Salz und Pfeffer ab.

3 Geben Sie sie in den Meister und verschließen Sie diesen. Garen Sie das Omelette für vier Minuten bei 350 Watt.

KARTOFFEL-OMELETTE

1 Port. 10 Min. Leicht

Zutaten

2 Kartoffeln, gegart vom Vortag
1 Ei
½ Zwiebel
1 Prise Salz
1 Prise Pfeffer
1 TL Paprikapulver
1 TL Schnittlauch

Nährwerte p. P.

383 kcal
17 g Kohlenhydrate
9 g Fett
8 g Eiweiß

1 Schälen Sie die Kartoffeln und zerdrücken Sie sie mit einer Gabel. Rühren Sie das Ei unter die Kartoffelmasse. Schneiden Sie die Zwiebel in kleine Würfel.

2 Heben Sie alle übrigen Zutaten unter die Eier-Kartoffel-Masse.

3 Geben Sie sie in den Omelette-Meister und verschließen Sie ihn. Garen Sie das Omelette für fünf Minuten bei 350 Watt.

4 Servieren Sie es lauwarm.

Tipp: Durch die Kartoffeln wird das Omelette besonders deftig. Es macht lange satt und kann also als Mittag- oder Abendmahlzeit dienen.

 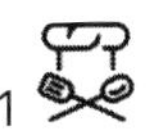

FRISCHES TOMATEN-OMELETTE

1 Port. 10 Min. Leicht

Zutaten

2 Eier
1 EL Milch
50 g geriebener Käse
1 Frühlingszwiebel
5 Cherrytomaten

Nach Belieben:
Salz, Pfeffer

Nährwerte p. P.

288 kcal
11 g Kohlenhydrate
12 g Fett
11 g Eiweiß

1 Waschen Sie das Gemüse und schneiden Sie es in kleine Würfel. Schlagen Sie Ei er und Milch schaumig auf.

2 Geben Sie Gemüse, Käse und die Gewürze unter die Eiermasse. Verteilen Sie diese gleichmäßig im Omelette-Meister.

3 Garen Sie das Omelette für vier Minuten bei 350 Watt in der Mikrowelle.

ROQUEFORT-OMELETTE

 1 Port.

 10 Min.

 Leicht

Zutaten

2 Eier
2 EL Milch
1 Prise Salz
10 g Roquefortkäse
½ rote Zwiebel
30 g Champignons

Nährwerte p. P.

340 kcal
9 g Kohlenhydrate
23 g Fett
15 g Eiweiß

1 Vermengen Sie Eier, Milch und Salz miteinander. Zerkleinern Sie den Käse grob.

2 Schneiden Sie die Zwiebel und die gewaschenen Pilze in dünne Scheiben oder Würfel. Heben Sie die zerkleinerten Zutaten unter die Eiermischung.

3 Geben Sie diese in den Omelette-Meister und verschließen Sie ihn. Garen Sie das Omelette für vier Minuten bei 350 Watt in der Mikrowelle.

Vegane Omeletts

TOFU-OMELETTE

2 Port. 10 Min. Leicht

Zutaten

350 g fester Tofu
180 ml pflanzliche Milch
2 EL Kichererbsenmehl
2 TL Kurkuma
2 EL Speisestärke
2 EL Hefeflocken
1 Zwiebel
Salz und Pfeffer

Nährwerte p. P.

341 kcal
14 g Kohlenhydrate
17 g Fett
30 g Eiweiß

1 Geben Sie alle Zutaten, bis auf die Zwiebel, in einen Standmixer. Pürieren Sie daraus einen homogenen Teig. Schälen Sie die Zwiebel und würfeln Sie sie fein.

2 Rühren Sie die Zwiebelwürfel unter den Teig.

3 Geben Sie den Teig im Anschluss in den Omelette-Meister und verschließen Sie ihn. Garen Sie das Omelette für fünf Minuten bei 600 Watt in der Mikrowelle.

4 Das Omelette kann kalt oder lauwarm serviert werden.

VEGANES OMELETTE MIT SPINATFÜLLUNG

2 Port.

10 Min.

Leicht

Zutaten

Für den Teig:
10 g Schnittlauch
50 g Dinkelmehl, hell
190 ml Sojamilch
1 TL Tamari (Sojasauce)
¼ TL Backpulver

Für die Füllung:
150 g Champignons
200 g Cherrytomaten
1 Zehe Knoblauch
2 Msp. Muskatpulver
100 g Blattspinat
1 EL Schnittlauch, fein zerkleinert

Zum Garnieren:
Schnittlauch oder Petersilie

Nährwerte p. P.

288 kcal
25 g Kohlenhydrate
16 g Fett
8 g Eiweiß

1 Vermengen Sie alle angegebenen Zutaten für den Teig. Geben Sie ihn in den Omelette-Meister, verschließen Sie ihn und garen Sie den Teig für drei Minuten bei 300 Watt vor.

2 Bereiten Sie in der Zwischenzeit die Füllung vor. Waschen Sie die Pilze und die Tomaten. Schneiden Sie das Gemüse in dünne Scheiben. Pressen Sie den Knoblauch und waschen Sie den Spinat.

3 Vermengen Sie jetzt alle Zutaten für die Füllung miteinander.

4 Verteilen Sie diese über das vorgegarte Omelette und rühren Sie alles kurz um. Garen Sie es jetzt weitere vier Minuten bei 350 Watt.

5 Garnieren Sie es mit Schnittlauch oder Petersilie.

VEGANES OMELETTE MIT GUACAMOLE

1 Port.

10 Min.

Leicht

Zutaten

Für das Omelette:
150 g Seidentofu
45 g Kichererbsenmehl
1 TL Backpulver
2 EL Haferflocken
½ TL Salz
¼ TL Kala Namak (Schwarzsalz)
¼ TL Zwiebel- oder Knoblauchpulver
½ TL Kurkuma
½ TL Paprikapulver edelsüß
100 ml Sojamilch oder andere Pflanzenmilch

Für die Füllung:
ca. 100 g Guacamole
1 Handvoll Spinat

Nährwerte p. P.

290 kcal
25 g Kohlenhydrate
10 g Fett
23 g Eiweiß

1 Vermengen Sie alle Zutaten für das Omelette miteinander. Pürieren Sie alles in einem Standmixer zu einer homogenen Masse.

2 Geben Sie den Teig in den Omelette-Meister und verschließen Sie ihn. Garen Sie den Teig für zwei Minuten bei 350 Watt vor.

3 Waschen Sie in der Zwischenzeit den Spinat. Vermengen Sie ihn mit der Guacamole und verteilen Sie die Mischung auf dem vorgegarten Omelette.

4 Garen Sie es für weitere fünf Minuten bei 350 Watt.

KICHERERBSEN-OMELETTE

1 Port.

10 Min.

Leicht

Zutaten

100 g Kichererbsenmehl
1 EL Speisestärke
½ TL Backpulver
½ TL Kurkuma
½ Prise Kala Namak*
(vorsichtig dosieren)
½ TL Meersalz
1 Prise Pfeffer
½ TL Kreuzkümmel
50 g Sojajoghurt, ungesüßt
150 ml kaltes Wasser
eine Handvoll frische Petersilie oder Koriander, gehackt

Nährwerte p. P.

340 kcal
9 g Kohlenhydrate
23 g Fett
15 g Eiweiß

1 Vermengen Sie alle Zutaten, bis auf die Petersilie oder Koriander, miteinander. Dabei sollte eine homogene, zähflüssige Masse entstehen. Falls sie zu fest ist, geben Sie etwas mehr Wasser hinzu.

2 Geben Sie den Teig jetzt in den Omelette-Meister. Verteilen Sie Petersilie oder Koriander darüber.

3 Verschließen Sie den Meister und garen Sie das Omelette für fünf Minuten bei 350 Watt.

4 Servieren Sie das Omelette lauwarm oder kalt.

Omelette-Rezepte aus aller Welt

ITALIEN – ZWIEBEL-OMELETTE

2 Port. 10 Min. Leicht

Zutaten

2 weiße Zwiebeln
4 Eier
50 g geriebener Parmesan

Nach Belieben:
Salz, Pfeffer

Nährwerte p. P.

249 kcal
5 g Kohlenhydrate
16 g Fett
18 g Eiweiß

1 Schälen Sie die Zwiebeln und schneiden Sie sie in dünne Ringe.

2 Vermengen Sie jetzt alle Zutaten miteinander, würzen Sie sie kräftig und geben Sie die Mischung in den Omelette-Meister.

3 Geben Sie diesen verschlossen für vier Minuten bei 350 Watt in die Mikrowelle.

4 Servieren Sie das Zwiebel-Omelette lauwarm.

Tipp: In Italien wird das Zwiebel-Omelette mit knusprigen Brötchen serviert.

USA – WESTERN-OMELETTE

2 Port. 10 Min. Leicht

Zutaten

4 Eier
½ rote Paprika
1 kleine Zwiebel
2 Scheiben gekochter Schinken
50 g geriebener Cheddar

Nährwerte p. P.

323 kcal
5 g Kohlenhydrate
21 g Fett
25 g Eiweiß

1 Waschen und schneiden Sie die Paprika in kleine Würfel. Schälen und würfeln Sie die Zwiebel. Schneiden Sie den gekochten Schinken in kleine Stücke.

2 Vermengen Sie alle angegebenen Zutaten miteinander.

3 Geben Sie die Mischung in den Omelette-Meister und verschließen Sie ihn. Garen Sie das Omelette darin für vier Minuten bei 350 Watt.

FRANKREICH – OMELETTE MIT TOMATEN UND FISCH

2 Port.

10 Min.

Leicht

Zutaten

150 g Fischfilet nach Wahl
50 g Cherrytomaten
4 Eier
4 EL Wasser
2 EL Mehl
1 Prise Salz
1 Bund Schnittlauch, fein geschnitten

Nährwerte p. P.

302 kcal
9 g Kohlenhydrate
16 g Fett
30 g Eiweiß

1 Waschen Sie den Fisch und würfeln Sie ihn fein. Waschen Sie die Tomaten und halbieren Sie diese. Vermengen Sie Eier, Wasser, Mehl und Salz miteinander.

2 Rühren Sie die übrigen Zutaten unter.

3 Geben Sie die Mischung in den Omelette-Meister. Verschließen Sie diesen und garen Sie das Omelette für fünf Minuten bei 600 Watt.

OMELETTE ELSÄSSER ART

1 Port.

10 Min.

Leicht

Zutaten

2 Eier
1 EL Wasser
1 TL Petersilie, fein gehackt
¼ Paprika
3 Frühlingszwiebeln
75 g Schinkenwürfel

Nach Belieben:
Salz, Pfeffer

Nährwerte p. P.

340 kcal
9 g Kohlenhydrate
23 g Fett
15 g Eiweiß

1 Vermengen Sie Eier und Wasser miteinander. Geben Sie die Mischung in den Omelette-Meister.

2 Waschen Sie Paprika und Frühlingszwiebeln. Schneiden Sie das Gemüse in feine Würfel bzw. Ringe.

3 Geben Sie es gemeinsam mit den Schinkenwürfeln über die Eiermasse. Würzen Sie jetzt nach Belieben.

4 Garen Sie das Omelette für drei Minuten bei 350 Watt in die Mikrowelle.

SPANIEN – OMELETTE MIT KARTOFFELN

2 Port. 10 Min. Leicht

Zutaten

1 Kartoffel, gekocht und geschält
1 Zwiebel
4 Eier

Nach Belieben:
Salz, Pfeffer

Nährwerte p. P.

177 kcal
9 g Kohlenhydrate
10 g Fett
10 g Eiweiß

1 Zerdrücken Sie die Kartoffel mit einer Gabel zu feinem Mus. Schälen Sie die Zwiebel und würfeln Sie sie fein. Rühren Sie Zwiebelwürfel, Eier und Gewürze unter das Kartoffelmus.

2 Verteilen Sie die Masse jetzt gleichmäßig im Omelette-Meister. Sollte sie dafür zu fest sein, geben Sie etwas Milch oder Wasser hinzu.

3 Garen Sie das spanische Omelette für fünf Minuten bei 400 Watt.

4 Lassen Sie es vor dem Servieren kurz abkühlen.

SPANIEN – SERRANO-OMELETTE

2 Port. 10 Min. Leicht

Zutaten

4 Eier
3 EL Milch
1 Schalotte
75 g Feta
50 g Serrano
1 Handvoll Rucola

Nach Belieben:
Salz, Pfeffer

Nährwerte p. P.

283 kcal
8 g Kohlenhydrate
20 g Fett
22 g Eiweiß

1 Schlagen Sie zunächst die Eier mit der Milch schaumig auf. Schälen Sie die Schalotte und würfeln Sie sie fein.

2 Zerkleinern Sie den Feta und den Serrano grob. Waschen Sie den Rucola gründlich und lassen Sie ihn abtropfen.

3 Vermengen Sie alle Zutaten miteinander und füllen Sie sie in den Omelette-Meister.

4 Garen Sie das Omelette für fünf Minuten bei 400 Watt.

5 Würzen Sie das Omelette nach Belieben.

Fitness Omeletts: Low Carb und High Protein

OMELETTE MIT PUTENBRUST

2 Port. 10 Min. Leicht

Zutaten

3 Eier
100 g geriebener Käse
1 Peperoni
½ Bund Petersilie
2 Tomaten
2 Scheiben Putenbrust
1 Scheibe Schinken
1 Zwiebel

Nährwerte p. P.

214 kcal
9 g Kohlenhydrate
13 g Fett
20 g Eiweiß

1 Waschen Sie das gesamte Gemüse. Schneiden Sie die Peperoni in kleine Würfel. Vierteln Sie die Tomaten.

2 Zerkleinern Sie Putenbrust, Schinken und die Zwiebel ebenfalls nach Belieben klein.

3 Vermengen Sie Käse und Eier miteinander. Heben Sie die zerkleinerten Zutaten unter.

4 Geben Sie den Teig in den Omelette-Meister und verschließen Sie ihn. Garen Sie das Omelette darin für fünf Minuten bei 400 Watt.

5 Servieren Sie es warm.

SPINAT-OMELETTE

1 Port.

10 Min.

Leicht

Zutaten

2 Eier
150 ml Milch
50 g frischer Spinat
1 Peperoni
1 Zwiebel

Nach Belieben:
Salz, Pfeffer

Nährwerte p. P.

434 kcal
10 g Kohlenhydrate
26 g Fett
28 g Eiweiß

1 Schlagen Sie Eier und Milch schaumig auf. Waschen Sie den Spinat gründlich. Waschen Sie die Peperoni und schneiden Sie sie klein. Schälen Sie die Zwiebel und würfeln Sie sie fein.

2 Vermengen Sie jetzt alle angegebenen Zutaten miteinander.

3 Geben Sie die Mischung gleichmäßig in den Meister. Garen Sie das Omelette darin für vier Minuten bei 350 Watt in der Mikrowelle.

FETA-OMELETTE

2 Port.

10 Min.

Leicht

Zutaten

4 Eier
2 Tomaten
50 g Feta
6 Stängel Basilikum

Nach Belieben:
Salz, Pfeffer

Nährwerte p. P.

480 kcal
10 g Kohlenhydrate
33 g Fett
36 g Eiweiß

1 Waschen Sie die Tomaten und schneiden Sie sie in kleine Würfel. Zerkleinern Sie Feta und Basilikum grob. Vermengen Sie alle Zutaten miteinander.

2 Würzen Sie die Mischung kräftig mit Salz und Pfeffer.

3 Verteilen Sie sie jetzt gleichmäßig im Omelette-Meister und verschließen Sie ihn.

4 Garen Sie das Omelette darin für vier Minuten bei 350 Watt in der Mikrowelle.

5 Lassen Sie es vor dem Servieren kurz abkühlen.

Süße Omeletts

BEERIGES FRÜHSTÜCK

1 Port.

10 Min.

Leicht

Zutaten

1 Ei
100 ml Milch
2 Scheiben Toast
ca. 100 g gemischte Beeren

Außerdem:
Puderzucker

Nährwerte p. P.

409 kcal
76 g Kohlenhydrate
7 g Fett
9 g Eiweiß

1 Toasten Sie die Toastscheiben und schneiden Sie sie anschließend in kleine Stücke. Verteilen Sie diese im Omelette-Meister.

2 Vermengen Sie Ei und Milch miteinander. Geben Sie die Mischung über die Toastscheiben. Lassen Sie sie darin etwa fünf Minuten quellen.

3 Verteilen Sie jetzt die gewaschenen Beeren darüber.

4 Verschließen Sie den Meister und garen Sie das Beerenfrühstück für fünf Minuten bei 350 Watt.

5 Servieren Sie es lauwarm oder lassen Sie es vollständig abkühlen. Garnieren Sie es vor dem Servieren mit Puderzucker.

PFIRSICH-OMELETTE

1 Port. 10 Min. Leicht

Zutaten

200 ml Milch
60 g Mehl
30 g Puderzucker
1 TL Backpulver
1 Ei
1 Prise Salz
2 Pfirsiche

Nährwerte p. P.

517 kcal
69 g Kohlenhydrate
11 g Fett
15 g Eiweiß

1 Vermengen Sie Milch, Mehl, Puderzucker, Backpulver, Ei und Salz zu einem glatten Teig.

2 Geben Sie ihn in den Omelette-Meister, verschließen Sie ihn und garen Sie den Teig für drei Minuten bei 350 Watt.

3 Waschen Sie in der Zwischenzeit die Pfirsiche und schneiden Sie sie in dünne Scheiben.

4 Verteilen Sie diese auf dem vorgegarten Teig. Garen Sie das Omelette jetzt erneut für drei Minuten bei 350 Watt.

5 Das Omelette kann sowohl kalt als auch lauwarm serviert werden.

KIRSCH-KOKOS-OMELETTE

2 Port.

10 Min.

Leicht

Zutaten

50 g Kirschen (frisch oder aus dem Glas)
3 Milchbrötchen
100 ml Kokos-Drink
1 Ei
20 g Puderzucker

Nährwerte p. P.

452 kcal
73 g Kohlenhydrate
12 g Fett
10 g Eiweiß

1 Falls Sie frische Kirschen verwenden, waschen, entkernen und halbieren Sie diese. Gießen Sie Kirschen aus dem Glas ab.

2 Zerkleinern Sie die Milchbrötchen grob und verteilen Sie sie im Omelette-Meister. Geben Sie die Hälfte der Kirschen darüber.

3 Schlagen Sie Ei und Kokos-Drink schaumig auf. Verteilen Sie diese Masse gleichmäßig im Meister.

4 Garen Sie das Omelette für sieben Minuten bei 350 Watt. Lassen Sie es kurz abkühlen.

5 Garnieren Sie es im Anschluss mit den übrigen Kirschen und dem Puderzucker.

ERDBEER-OMELETTE

 2 Port.
 10 Min.
 Leicht

Zutaten

4 Eier
1 Prise Salz
1 Prise Zucker
1 Pck. Vanillezucker
3 EL Speisestärke
250 g Erdbeeren

Außerdem:
Puderzucker

Nährwerte p. P.

278 kcal
12 g Kohlenhydrate
2 g Fett
2 g Eiweiß

1 Vermengen Sie Eier, Salz, Zucker, Vanillezucker und Speisestärke zu einem glatten, klumpfreien Teig.

2 Geben Sie diesen in den Omelette-Meister und verschließen Sie ihn. Garen Sie es für vier Minuten bei 350 Watt.

3 Waschen und zerkleinern Sie in der Zwischenzeit die Erdbeeren.

4 Garnieren Sie das lauwarme Omelette mit den Erdbeeren und dem Puderzucker.

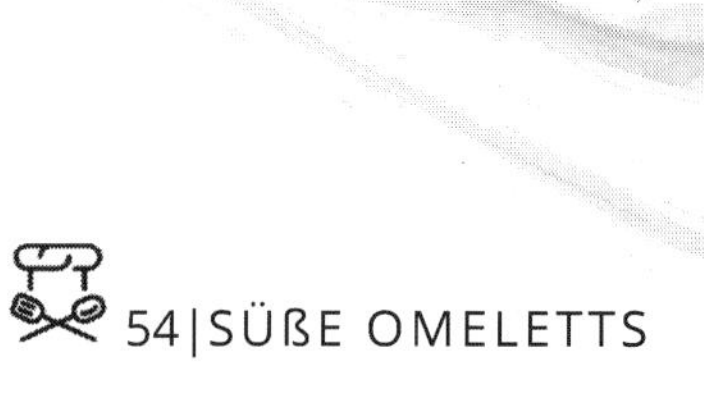

SÜẞES OMELETTE MIT QUITTENCREME

1 Port.

10 Min.

Leicht

Zutaten

Für das Omelette:
2 Eier
1 Prise Salz
1 EL Milch
1 TL Abrieb einer Zitronenschale

Für die Quittencreme:
125 g Schlagsahne
150 g Quark
1 EL Honig
2 EL Quittengele

Außerdem:
einige Trauben zum Garnieren

Nährwerte p. P.

675 kcal
65 g Kohlenhydrate
37 g Fett
20 g Eiweiß

1 Vermengen Sie alle Zutaten für das Omelette miteinander.

2 Geben Sie den Teig in den Omelette-Meister und verschließen Sie ihn. Garen Sie das Omelette für drei Minuten bei 350 Watt in der Mikrowelle.

3 Bereiten Sie in der Zwischenzeit die Quittencreme zu. Vermengen Sie dafür alle Zutaten für die Creme miteinander, bis eine homogene Masse entsteht.

4 Waschen Sie die Trauben und halbieren Sie sie nach Belieben.

5 Servieren Sie das Omelette mit der Creme und den Trauben.

HIRSE-OMELETTE MIT NEKTARINEN

1 Port.

10 Min.

Leicht

Zutaten

2 Eier
40 g Hirse
2 TL Vollrohrzucker
1 Prise Salz
150 g Vanillejoghurt
2 EL Pfirsichmark

Außerdem:
2 Nektarinen

Nährwerte p. P.

399 kcal
13 g Kohlenhydrate
13 g Fett
14 g Eiweiß

1 Vermengen Sie alle angegebenen Zutaten zu einem Teig. Verteilen Sie diesen gleichmäßig im Omelette-Meister.

2 Verschließen Sie ihn und garen Sie das Omelette für vier Minuten bei 350 Watt.

3 Waschen Sie in der Zwischenzeit die Nektarinen. Entkernen Sie sie und schneiden Sie sie in dünne Scheiben.

4 Lassen Sie das Omelette vollständig abkühlen oder servieren Sie es lauwarm.

5 Garnieren Sie es mit den Nektarinen.

Weitere Rezepte für den Omelette-Meister

ARMER RITTER MIT BROMBEEREN

 1 Port.
 10 Min.
 Leicht

Zutaten

2 Scheiben Toast
1 Ei
100 ml fettarme Milch
3 EL Zucker
70 g Brombeeren

Nährwerte p. P.

140 kcal
9 g Kohlenhydrate
11 g Fett
12 g Eiweiß

1 Toasten Sie die Toastscheiben. Schneiden oder stechen Sie daraus zwei Kreise mit einem Durchmesser von ca. 9 cm. Legen Sie diese in den Omelette-Meister.

2 Vermengen Sie Ei, Milch und Zucker miteinander. Geben Sie die Mischung gleichmäßig über die Toastscheiben.

3 Schließend Sie den Meister und garen Sie den Armen Ritter vier Minuten beim 350 Watt.

4 Waschen Sie in dieser Zeit die Brombeeren. Legen Sie die Brombeeren auf den Armen Ritter und garen Sie ihn im Anschluss noch einmal für drei Minuten bei 350 Watt.

5 Servieren Sie das Gericht warm.

Tipp: Dazu passt eine Kugel Vanilleeis.

APFELPFANNKUCHEN

1 Port.

5 Min.

Leicht

Zutaten

2 Eier
4 EL Mehl
1 EL Milch
½ Apfel

Nährwerte p. P.

309 kcal
38 g Kohlenhydrate
11 g Fett
13 g Eiweiß

1 Waschen Sie den Apfel oder schälen Sie ihn. Schneiden Sie ihn in kleine Würfel. Vermengen Sie Eier, Mehl und Milch miteinander.

2 Achten Sie darauf, dass sich das Mehl vollständig aufgelöst hat und keine Klumpen bildet.

3 Verteilen Sie die Eiermasse im Omelette-Meister. Garen Sie den Pfannkuchen zwei Minuten bei 350 Watt.

4 Verteilen Sie jetzt den Apfel darauf und garen Sie ihn weitere drei Minuten bei 350 Watt.

Tipp: Der Pfannkuchen kann nach Belieben mit anderem Obst zubereitet werden.

QUARKKUCHEN OHNE BODEN

2 Port. 10 Min. Leicht

Zutaten

250 g Quark
1 Spritzer Zitronensaft
2 EL Speisestärke
1 Pck. Vanillezucker
1 TL Zucker
2 Eier

Nach Belieben:
50 g Obst, z. B. Erdbeeren oder Mandarinen aus der Dose

Nährwerte p. P.

395 kcal
47 g Kohlenhydrate
12 g Fett
20 g Eiweiß

1 Waschen und zerkleinern Sie das Obst in feine Würfel.

2 Vermengen Sie alle Zutaten, außer das Obst, miteinander, bis ein homogener Teig entsteht. Geben Sie den Teig in den Meister.

3 Verteilen Sie das Obst gleichmäßig über dem Teig.

4 Garen Sie den Quarkkuchen für sieben Minuten bei 600 Watt.

5 Lassen Sie den Kuchen einige Minuten abkühlen und stürzen Sie ihn anschließend auf einen passenden Teller.

NUTELLAKUCHEN MIT FLÜSSIGEM KERN

2 Port.

10 Min.

Leicht

Zutaten

3 EL Mehl
1 EL Zucker
2 EL Kakaopulver
2 EL Nutella
3 EL Milch
3 EL Öl
1 Ei
1 Prise Salz

Außerdem:
Puderzucker

Nährwerte p. P.

157 kcal
22 g Kohlenhydrate
5 g Fett
4 g Eiweiß

1 Vermengen Sie alle Zutaten für den Teig miteinander. Das Mehl sollte sich vollständig aufgelöst haben.

2 Geben Sie den Teig in den Omelette-Meister. Verschließen Sie diesen und garen Sie den Kuchen darin für vier Minuten bei 350 Watt.

3 Lassen Sie den Kuchen kurz abkühlen und stürzen Sie ihn auf einen Teller.

4 Garnieren Sie ihn nach Belieben mit dem Puderzucker.

Tipp: Alternativ kann der Kuchen mit Schlagsahne oder Obst serviert werden.

SCHNELLES RÜHREI

1 Port. 5 Min. Leicht

Zutaten

2 Eier
1 EL Milch
1 EL Schnittlauchröll-
chen

Nach Belieben:
Salz, Pfeffer, Paprikapulver

Nährwerte p. P.

144 kcal
2 g Kohlenhydrate
11 g Fett
10 g Eiweiß

1 Vermengen Sie alle Zutaten miteinander. Würzen Sie die Mischung nach Belieben.

2 Füllen Sie die Eiermischung in den Meister und verschließen Sie ihn. Garen Sie die Mischung bei 350 Watt für zwei Minuten.

3 Rühren Sie das gestockte Ei kurz um und garen Sie es erneut eine Minute bei 350 Watt.

4 Servieren Sie das Rührei warm und würzen Sie es nach Belieben nach.

TOMATEN-KÄSE RÜHREI

1 Port. 5 Min. Leicht

Zutaten

½ Tomate
1 Scheibe Käse
2 Eier
1 EL Milch
1 EL Schnittlauchröllchen

Nach Belieben:
Salz, Pfeffer, Paprikapulver

Nährwerte p. P.

188 kcal
3 g Kohlenhydrate
13 g Fett
14 g Eiweiß

1 Waschen und entkernen Sie die Tomate. Schneiden Sie Tomate und Käse in kleine Würfel.

2 Vermengen Sie alle angegebenen Zutaten in einer Schüssel. Würzen Sie die Masse nach Belieben.

3 Geben Sie sie in den Omelette-Meister und verschließen Sie ihn. Garen Sie das Rührei darin für fünf Minuten bei 350 Watt.

4 Nach dieser Zeit sollte es in der Mitte nicht mehr flüssig sein.

5 Rühren Sie es um und schmecken Sie es erneut ab. Servieren Sie das Rührei warm.

SALAMIPIZZA

 1 Port.

 10 Min.

 Leicht

Zutaten

Für den Teig:
100 g Mehl
50 ml Wasser
1 EL Öl
1 TL Backpulver
1 Prise Salz

Für den Belag:
2 EL Ketchup
1 EL Tomatenmark
1 Prise Oregano
ca. 5 kleine Salamischeiben
50 g Champignons
50 g geriebenen Käse

Nährwerte p. P.

703 kcal
82 g Kohlenhydrate
27 g Fett
29 g Eiweiß

1 Vermengen Sie alle Zutaten für den Teig miteinander. Das Mehl sollte sich dabei vollständig auflösen.

2 Formen Sie daraus eine Kugel und lassen Sie ihn zugedeckt eine Stunde lang ruhen.

3 Bereiten Sie in der Zwischenzeit den Belag vor. Schneiden Sie die Salamischeiben und den Käse in kleine Würfel.

4 Waschen Sie die Champignons und schneiden Sie sie in dünne Scheiben.

5 Geben Sie den Pizzateig in den Omelette-Meister und verteilen Sie ihn gleichmäßig.

6 Vermengen Sie Ketchup, Tomatenmark und Oregano miteinander und verteilen Sie die Sauce über dem Pizzateig. Geben Sie darauf den Belag.

7 Garen Sie die Pizza für sechs Minuten bei 600 Watt.

GEGARTER LACHS

1 Port.

15 Min.

Leicht

Zutaten

50 g Zucchini
50 g Möhre
1 Knoblauchzehe
Saft einer ½ Zitrone
1 Stück Lachsfilet (ca. 100 g)

Nach Belieben:
Öl, Salz, Pfeffer

Nährwerte p. P.

249 kcal
7 g Kohlenhydrate
13 g Fett
24 g Eiweiß

1 Waschen und raspeln Sie das Gemüse durch einen Spiralschneider. Geben Sie es in den Omelette-Meister.

2 Pressen Sie die Knoblauchzehe darüber und verteilen Sie auch den Zitronensaft gleichmäßig über das Gemüse. Legen Sie jetzt das Lachsfilet darauf.

3 Verschließen Sie den Meister und geben Sie ihn für fünf Minuten bei 400 Watt in die Mikrowelle.

4 Würzen Sie das Gericht nach Belieben mit Öl, Salz und Pfeffer.

GEMÜSEQUICHE

1 Port. 10 Min. Leicht

Zutaten

100 g gemischtes Gemüse nach Wahl
1 Wiener Würstchen
1 Ei
75 ml Schlagsahne
25 g geriebener Käse
½ EL Speisestärke

Nach Belieben:
Salz, Pfeffer, Paprikapulver

Nährwerte p. P.

340 kcal
9 g Kohlenhydrate
23 g Fett
15 g Eiweiß

1 Waschen Sie das Gemüse. Schälen Sie es nach Belieben. Schneiden Sie Gemüse und Würstchen in kleine Würfel. Schlagen Sie das Ei mit der Schlagsahne und dem Käse auf.

2 Geben Sie die Masse in den Omelette-Meister. Würzen Sie sie nach Belieben. Verteilen Sie jetzt das Gemüse und die Würstchenstücke darüber.

3 Verschließen Sie den Meister und geben Sie ihn für acht Minuten bei 400 Watt in die Mikrowelle.

4 Lassen Sie die fertige Quiche anschließend einige Minuten lang ruhen.

KAISERSCHMARREN AUS DEM OMELETTE-MEISTER

2 Port.

10 Min.

Leicht

Zutaten

200 ml Milch
60 g Mehl
1 Ei
1 TL Backpulver
1 Prise Salz

Nährwerte p. P.

211 kcal
28 g Kohlenhydrate
7 g Fett
8 g Eiweiß

1 Trennen Sie das Ei. Vermengen Sie Milch und Eiweiß miteinander. Schlagen Sie die Mischung schaumig auf. Rühren Sie jetzt das Eigelb und die übrigen Zutaten unter.

2 Geben Sie die Mischung in den Meister und verschließen Sie ihn. Garen Sie den Kaiserschmarren bei 350 Watt für drei Minuten.

3 Lassen Sie ihn jetzt eine Minute lang ruhen und zerkleinern Sie ihn grob mit einem Löffel.

4 Geben Sie ihn für weitere drei Minuten in die Mikrowelle, bis das Ei vollständig durchgegart ist.

Tipp: Servieren Sie dazu Beeren, Apfelmus, Sirup oder bestreuen Sie den Kaiserschmarren klassisch mit Puderzucker.

SÜßER KAISERSCHMARREN

 2 Port.  10 Min.  Leicht

Zutaten

2 Eier
2 EL Zucker
1 Pck. Vanillezucker
30 g Mehl
3 EL Sahne
1 TL Backpulver

Außerdem:
Mandarinen aus der Dose

Nährwerte p. P.

203 kcal
19 g Kohlenhydrate
11 g Fett
6 g Eiweiß

1 Trennen Sie die Eier und schlagen Sie das Eiweiß steif. Heben Sie anschließend Eigelb, Zucker, Vanillezucker, Mehl, Sahne und Backpulver unter.

2 Rühren Sie einen lockeren Teig an.

3 Geben Sie diesen in den Omelette-Meister. Garen Sie ihn für drei Minuten bei 350 Watt.

4 Zerkleinern Sie den Teig jetzt grob mit einem Löffel.

5 Geben Sie ihn erneut drei Minuten lang in die Mikrowelle.

6 Stürzen Sie den fertigen Kaiserschmarren auf einen Teller.

7 Gießen Sie die Mandarinen durch ein Sieb und garnieren Sie den Kaiserschmarren damit.

SCHNELLER PFANNKUCHEN

 1 Port.

 10 Min.

 Leicht

Zutaten

2 Eier
4 EL Mehl
1 EL Milch

Außerdem:
etwas Zimt oder Zucker zum Bestreuen

Nährwerte p. P.

160 kcal
30 g Kohlenhydrate
2 g Fett
4 g Eiweiß

1 Vermengen Sie die Zutaten zu einem glatten Teig. Achten Sie darauf, dass das Mehl keine Klumpen bildet.

2 Geben Sie den Teig in den Omelette-Meister und verschließen Sie ihn. Garen Sie ihn für 2:30 Minuten bei 600 Watt in der Mikrowelle.

3 Bestreuen Sie den fertigen Pfannkuchen nach Belieben mit Zucker und/oder Zimt.